AF347270

¿A MEDIO CAMINO? SIEMPRE

ExLibric

MARÍA COSTA

¿A MEDIO CAMINO? SIEMPRE

EXLIBRIC

ANTEQUERA 2023

MARÍA COSTA

¿A MEDIO CAMINO? SIEMPRE

I

Un beso con los ojos

¿Qué pasaría si te dijera que me estoy cuestionando todo aquello en lo que creía? ¿Y si te pudiera demostrar que hay algo más poderoso que tú y que yo que nos mueve a su antojo como marionetas? Que creemos que tomamos decisiones, pero parece que ya está previsto que las tomáramos. ¿Y si, por ejemplo, las parcas no son un mito? Algo retumba en mí desde que fui testigo de esta historia.

Todo lo que nos rodea influye en nosotros de una manera u otra. Nos atraviesa por los cinco sentidos y nos penetra como una flecha. A partir de ahí actuamos como protagonistas de nuestra vida y, dependiendo de con quién estemos, elegimos interpretar el papel que más nos conviene, pensando que tenemos el control. Un error por nuestra parte, teniendo en cuenta que acabo de ver que nunca tuvimos el control.

Deberíamos poder echarle la culpa a personas como Eros Ramazzotti, Sergio Dalma, Rosalía, etc. ¡Yo qué sé! Por lo menos no nos sentiríamos tan culpables por todo lo que hacemos sin pensar. Nos doblegamos ante esas letras y nos entregamos a ellas como si los acontecimientos fueran a suceder tal como suenan en nuestra cabeza. Cuando te identificas con cada palabra, te hunde o te empodera. Si hiciéramos una lista de canciones, estoy segura de que cada una estaría relacionada con algún momento de nuestra vida. No importa si es un recuerdo bueno o malo, esas notas te llevan al pasado irremediablemente y aparecen personas, lugares y sentimientos que nos remueven el alma.

Por todas esas canciones y esos rostros que marcaron nuestra vida creo que ha llegado el momento de concederle la paz a alguien que no la tuvo, y la única manera que se me ocurre es contar su historia para que sepa que hizo lo que pudo, porque no sabía hacerlo de otra manera. Supongo que yo, que la conozco bien y que con el paso de los años todos vemos las cosas desde otra perspectiva, soy la más indicada para ofrecerle la redención que espera de la vida.

Como he dicho, ahora que lo sé todo, mi escepticismo ha empezado a tambalearse. Tiene que haber algo místico detrás. No puedo explicar de manera lógica que no haya una fuerza superior moviendo los hilos. Me ha venido a la mente una cita que leí al comienzo de la película *El príncipe de Persia*. ¿Y si eso sucede?

Si tuviera que hablar de Sofía, antes de entrar en detalles propios de lo que pasó, sería justo decir que fue muy dura consigo misma y opino que eso no la dejó avanzar ni verse distinta. Alguien excesivamente salpicada por ideales familiares que ella no compartía, aunque creyera que lo correcto era seguirlos, la convirtió en una chica vulnerable a ojos de otros de su edad y, como dice ella, con poca calle.

La imagino con ropas desfasadas, sin que nadie le hubiera explicado algo sobre ciertas épocas de la vida y perdida en un mundo hormonalmente caótico que la frustraba aún más por su deseo de libertad, de huir de prejuicios absurdos y machistas que destruían su forma de ver las cosas.

Intentaré contarlo tal como ella habría querido, siendo fiel a lo que sucedió, pues solo así se podrá entender la inmensidad del asunto.

Recuerdo que el día que decidió explicarme cómo empezó todo, la encontré sentada en su sofá con el pelo mojado, sin un ápice de maquillaje, con una camiseta de tirantes vieja, unos vaqueros rotos y descalza. Me llamó la atención toda esa escena porque la vi como si fuera a entregarse a mí desde lo más íntimo y sin adornos artificiales que pudieran mostrar superficialidad.

El olor de la estancia era el de siempre, le encantaba poner en marcha su vaporizador con cinco gotas exactas de fragancia de canela, decía que ese aroma le daba buen rollo. Primero, me preguntó cómo estaba yo y, luego, si me parecía bien que dejara encendido su cacharro de canela, como ella lo llamaba. Mi amiga siempre tan atenta.

—¿Leías el periódico? —le dije apartándolo para hacer sitio.

—Sí, he llegado a los horóscopos, pero no dicen nada que me guste, así que será mentira.

—¿Te echo las cartas del tarot? O no, seguro que hay alguna *app* para eso… Prometo decir solo cosas buenas y hablarte como si misteriosamente acertara todo sobre tu vida.

—¡Qué graciosa te has levantado hoy! —me dijo sonriendo—. Tú ríete, pero cuando todo es una mierda, un horóscopo con buenas noticias no viene nada mal, aunque sepas que solo es un efecto placebo.

—¿Vas a contarme quién es? —insistí yo.

—Sí, pero para entenderlo antes tengo que contarte cómo empezó esto.

—¿Cómo? ¿Es que ayer no fue la primera vez?

—No.

—¡Madre mía! Dale y no te dejes nada.

—¿Crees en el destino? Yo no. O eso creo. Estoy segura de que existen las casualidades y de que nos atrae lo que no podemos entender. Ahora ya no sé qué pensar. Necesito tu ayuda.

—Estoy aquí.

Me acomodé, ella abrazó su cojín, giró la vista hacia la ventana y me dio la sensación de que sus ojos se adentraban en otro mundo.

—Si echo la vista atrás, ahora noto que mi estatura iba a la par de la concepción que tenía de mí misma, aunque cuando entraba en mi habitación desnudaba mi potencial; inventando conversaciones en las que me convertía en líder de mi vida; bailando como si no hubiera un mañana; sintiéndome el centro de atención de los que me habría gustado impresionar. Si hubiera sabido que sucedería, lo habría hecho todo diferente hace años, o quizá no, porque ahora entiendo que la vida es eso: caerse, levantarse, aprender de la caída para no cometer los mismos errores o no y luego esperar a la siguiente bofetada, a ver cómo la llevamos.

—Ya… —contesté, mientras la oía coger aire profundamente.

—Cuando tenía dieciséis años, en mi último año de secundaria llegué tarde a la primera clase. Venía de una charla con el jefe de estudios y mis padres. No muy productiva, la verdad. Simplemente, aquel señor solo dijo a mis padres que, repitiendo curso, sería mejor que me planteara ponerme a trabajar, que no servía para estudiar.

»Entré en el aula, herida y frustrada, y actué como si no me importara. Me sentaba en la tercera fila de seis, ni con los empollones ni con los malotes. Yo tenía un poco de los dos, pero no encontraba mi sitio. Me giré un momento y me quedé parada varios segundos que me parecieron eternos. Esa cara me resultaba familiar. No podía ser, no le había visto en mi vida. Disimulé y giré la vista hacia el ventanal porque delante no había más que un profesor sin ningún interés por nosotros y que esperaba oír el timbre para largarse. Mis manos agarraron los lados de aquel pupitre verde evitando volver a mirar.

»Sonó el timbre del cambio de clase y nos levantamos para salir de aquella clase fría, sin casi nada que la convirtiera en un lugar por lo menos atractivo visualmente. Solía quedarme observando a mis amigas porque en el fondo les tenía envidia. Me gustaba su desparpajo, supongo que por esos comportamientos tan extrovertidos que yo no conseguía emular. Y si lo hacía era un desastre.

»Andaba hacia la puerta y me cedió el paso con un «pase usted, señorita», al que yo respondí con una mirada rápida y un «gracias» casi inaudible. Bajamos la escalera, cuando me adelantó con celeridad y, siendo sincera, te diré que aproveché para mirar y tratar de averiguar por qué parecía que ya le conocía. Al final de los escalones le esperaba una chica absolutamente impactante. En mi interior algo dijo: «Por supuesto, ¡cómo no!». Pero seguí andando como si nada.

»A medida que los días pasaban, aquello se convirtió en algo más poderoso que yo. Luchaba por apartarme, pero no podía. ¿Cómo había llegado hasta ahí? Pero ¿sabes qué era lo peor? —dijo mirándome con desesperación.

—¿Qué? —pregunté, sin entender qué había de misterioso en toda esa historia de adolescentes.

—Que lo que sentía era algo más que un enamoramiento de niña. Sentía la necesidad de permanecer cerca de él como si tuviera que protegerlo de algo. Solo quería estar allí, aunque no lo notara, aunque eso significara sacrificar mi vida.

—¿De qué hablas? ¿Cómo que sacrificar tu vida? Eso era un calentón, nena —bromeé—. Perdón. Sigue, sigue —le pedí, poniéndome seria como podía.

—Nos hicimos buenos amigos durante el curso, y no se podía negar que había cierta atracción entre los dos. Una noche, cuando ya el verano estaba a punto de llegar, decidimos salir todos juntos. Lo tengo en mi memoria como si pudiera tocar ese día con las manos, cuando cierro los ojos. Me puse unos pantalones ajustados azules, con un jersey de encaje negro palabra de honor y un maquillaje que nadie había visto nunca en mí. Mis amigas me subieron el ánimo al decirme que estaba irreconocible. Me sentía diferente, tenía la fuerza de una amazona, aunque supiera que eso era solo un disfraz y, como Cenicienta, todo acabaría en unas horas. Todavía está en mi mente aquel sofá de la discoteca que fue testigo del principio de todo. Ese local ya ni siquiera existe, como tantas otras cosas.

»Sentía como la adrenalina iba a destrozarme el cuerpo. Reímos, nos hablábamos al oído de temas absurdos, aprovechando el volumen de la música. Las risas pasaron a ser sonrisas débiles y nerviosas en las que se mezclaban la química y los remordimientos. Él por su pareja y yo porque no quería ser la otra.

»Empezamos a jugar con las manos, entrelazando los dedos, sin dejar de mirarnos. No existía nadie más. Él jugaba con una cruz azul que yo llevaba al cuello mientras que, con la otra mano, me apartaba el cabello de la cara. Sus dedos bajaban por mi oreja y se deslizaron hacia mi cuello. Yo le acariciaba el pelo mientras repartía mi mirada entre sus ojos y sus labios, que pedían un beso a gritos. Nos dimos cuenta de que nuestros amigos nos habían dejado solos, pero no pude. No era mi estilo. De ninguna manera me entrometería en una relación.

»Después de ese día, nos gustaba estar juntos como amigos con licencia para tontear, pero cuando se acercaba su chica nos apartábamos uno del otro como si quisiéramos mantener en secreto que algo había cambiado. Era durísimo ver como esa chica se le acercaba a saludar con un beso y yo mantenía la compostura, mientras los demás ponían el foco en mí para ver mi reacción.

»No nos volvimos a ver hasta el verano siguiente, en una cena de antiguos alumnos en la que dio la sensación de que nada había cambiado. Estuvimos sentados en las escaleras de un bar, con mis rodillas a la altura de sus hombros, un escalón más arriba, y hablando sobre lo que habíamos estado haciendo. Los antiguos compañeros miraban atónitos cómo jugábamos por las calles, persiguiéndonos como niños. Algunos preguntaron incluso si estábamos juntos. Pero no. Ambos teníamos pareja.

»El tiempo se había agotado para nosotros, debíamos empezar una nueva etapa. Yo tenía que prepararme para entrar en la universidad y él tenía que hacer el servicio militar.

II

¡Espera!
¡Te estás llevando mi vida!

Mirándome con nostalgia, Sofía esbozó una leve sonrisa. Bajó la vista, estiró el brazo hacia mí, abrió el puño y en la palma de su mano había un colgante con una cruz azul y con un borde plateado casi oxidado. No me lo podía creer. Todavía la conservaba después de tanto tiempo. Fue inevitable ver en ella cierta añoranza. Se quedó unos segundos sin hablar y me dijo:

—Voy a preparar una infusión.

—Que sean dos, y no dejes de hablar —le contesté siguiéndola hasta la cocina.

—Bueno, pues aquella chica que no servía para estudiar estaba luchando por tener el trabajo de sus sueños. Tenía una vida estable, una pareja consolidada… Estaba a punto de cumplir veinte años.

»Un día llegué a casa y me fijé en que se había abierto un negocio en frente. No conocía a nadie de los que entraban y salían del local. Además, era el tercero en un año, no iba a durar. Salí a comprar a la tienda de comestibles de mi misma acera. Mientras pedía lo que necesitaba, se oyó el saludo de otro cliente, me limité a coger mis cosas y me fui. Llevaba el cambio en las manos, las bolsas, el tique que nunca quiero, pero te lo juntan con las monedas… Un agobio. Me paré, dejé todo en el suelo y me dediqué a colocar el dinero en el monedero.

»Oí un «¿ya no saludas?», y al levantar la cabeza le vi. Habían pasado dos años desde la última vez que nos encontramos. Era él. El cuerpo me temblaba y solo pude preguntarle qué hacía ahí. Eso sí, después de un abrazo y los dos besos de rigor, como manda el protocolo. Empezamos a hablar, me explicó que él era el dueño del local y entre risas me dijo que nos iríamos viendo porque ahora seríamos vecinos. Cuando entré en casa, me quedé petrificada. Mi mundo se desmoronaba como fichas de dominó. No le quería cerca, no por rencor, sino por miedo.

»Habían llegado los primeros móviles a nuestra vida. Se acabó ir a las cabinas telefónicas para evitar que alguien de tu familia escuchara tu conversación desde otro teléfono y ya no había necesidad de estirar tanto el cable para llegar a un rincón y tener un poco de privacidad. Llegaba una época en la que debíamos medir bien las palabras que poníamos, para no gastar tanto en cada mensaje. A partir de ese momento tendría que enfrentarme a una nueva realidad. Escapar no era una opción.

»Durante las primeras semanas aguanté muy bien el tipo, lo veía, un saludo rapidito y paso ligero para evitar cualquier encuentro más largo que pudiera provocar el más mínimo desequilibrio por mi parte. Lo volví a ver comprando, no había escapatoria. Me preguntó cómo estaba y me contó que era su hora de comer algo. Me pilló desprevenida cuando me pidió si quería acompañarlo. Y de mi boca salió un sí. Me maldije mil veces por no haber rechazado la invitación, pero salió así.

»Empezamos a vernos la mayoría de los días, lo pasábamos bien. La misma conexión de siempre, pero algo había cambiado en él. Supe que se divertía de una manera muy distinta a la mía. Yo no compartía para nada ese mundo y aunque lo respetaba, me hacía sentir más protectora con él. Me preocupaba que algún día le sucediera algo y yo no pudiera estar ahí para ayudarlo. Pero ¿cómo se ayuda a alguien que no ve problema en ello? Imposible.

»Ahí supe que, una vez más, lo amaría en voz baja. Porque los dos aceptábamos esa atracción clandestina y ninguno era capaz de romper con lo que nos ataba para empezar de cero y porque él era el caos en mi alma y yo… yo no sabía qué representaba para él.

»Los encuentros dejaron de limitarse a las mañanas, íbamos a cenar y después a tomar algo. Y, evidentemente, una cosa llevaba a la otra. Ya no éramos aquellos chicos de hacía años, ahora éramos dos adultos con ganas de más cuando nos veíamos. Nos dejábamos llevar porque, como siempre, si estábamos solos el deseo era más fuerte que nuestra voluntad. Mentíamos. Éramos infieles. Nos usábamos para calmar aquella inevitable atracción. Solo había un problema, yo ya había perdido esa guerra. La batalla entre la razón y el corazón la perdió la razón. Y como dice Rosalía, «amar a ciegas te quita poder». Y así era. Olvidé mis principios y cedí a su voluntad. Lo importante era verle bien conmigo.

—Sofía, esa actitud no te pega. Esa no pareces tú —la interrumpí.

—No. Yo no soy así, normalmente —me respondió en tono de duda. Ese ha sido siempre mi error.

—Continúa.

—Una mañana me levanté y le escribí para preguntarle qué estaba haciendo. Era habitual entre nosotros. Ese día no salió bien. Él no contestó al mensaje, fue su novia. El desastre se avecinaba y los nervios se apoderaron de mí. Leía aquellas palabras amenazantes y no podía hacer otra cosa que sentirme culpable, era lógico lo que me decía. En ese momento supe que tenía dos opciones: decir la verdad y provocar una posible ruptura para saber qué sucedería entre nosotros o negarlo todo.

»Aún me veo llorando por lo que iba a hacer, pero creí que eso era lo justo. Marqué su teléfono y esa chica respondió. La dejé hablar, la escuché, le permití atacarme con palabras que hirieron como puñales, pero respeté su dolor. Cuando pude hablar, llené mi voz de calma y le dije que sí, que nos veíamos, éramos muy buenos amigos desde hacía tiempo, pero que él siempre me contaba lo mucho que la quería. Mentí. El cuerpo se me caía en pedazos, pero esa chica no merecía ese sufrimiento y decidí sacrificarme yo. No era la primera vez que me decían que no era para él, que veníamos de mundos muy distintos y su novio prefería otro tipo de chicas más llamativas. Duras palabras. Lo sé. Pero esa fue mi decisión.

»Nos volvimos a ver después de eso y hablamos de lo sucedido. Sus palabras aún retumban en mi cabeza: «No sé qué le has dicho, pero está como si nada. Gracias». Mi respuesta fue rápida y firme: «Le he dicho lo que ella quería oír». Ahí cambiamos de tema y nunca lo volvimos a hablar.

»Una noche quedamos para cenar y yo sabía que no le volvería a ver. Había llegado la hora de decir adiós. Parece que la vida nos avisaba de que esto se terminaba. Sería bueno para los dos, yo no podía seguir así. Me besó y tuve muchas ganas de decirle que se quedara, que era mi vida. Me resultaba tan difícil pronunciar esas palabras que lo único que pude hacer fue mirarlo y sonreír. Y una señal inesperada me dio fuerzas para apartarme. Un mensaje sonó en su móvil, la pantalla se iluminó y apareció una foto con el nombre de aquella chica… No le prestó atención, pero yo sí. Así que le dije que era hora de irnos y aceptó. Me llevó a casa y nos dimos el último beso. Ya me había contado que cambiaba de zona, pero que podíamos seguir en contacto. Yo moría por continuar viéndole, pero no podía ser siempre la segunda y tampoco quería que él fuera el otro. Si no habíamos podido dar el paso ninguno de los dos, debíamos acabar aquí. En nuestras despedidas nunca tuvimos un mal gesto o una mala palabra, simplemente un hasta luego y una mirada cómplice.

»No podré olvidar el día que le vi marchar desde mi balcón, fue como si una parte de mí se estuviera yendo con él. Y como siempre, miles de recuerdos se apoderaron de mi mente. Me autoconvencía de que aquello era como debía ser. Nunca con el tiempo suficiente para mostrarme como realmente era. Era demoledor. Me miró desde su coche, aminorando la velocidad al pasar enfrente de mí. Yo lo miré, los dos levantamos los dedos de una mano en señal de despedida, media sonrisa y un gesto con la cabeza casi imperceptible, como un sí, un sí que para mí era como el poema de Pedro Salinas, «Si me llamaras». No lo volví a ver.

III

Ya sucedió

—Amiga, tú eras más que eso. Lo sabes, ¿verdad? —le dije al ver la tristeza en su cara.

—Sí, hoy lo sé. Pero se convirtió en un asunto pendiente. Seguí con mi vida, pero nunca pude olvidarlo.

—Un amor de juventud, todos tenemos uno —respondí, quitándole hierro al asunto.

—Supongo. Imagino que debería haberse quedado en eso, pero mis planes de olvidar todo con el tiempo se truncaron en una reunión familiar. Estábamos en la sobremesa y alguien de mi familia hizo una referencia al local que habían cerrado hacía poco. Mi tía, con un guiño de ojo, me dijo que me habían visto mucho por ahí. Sonreí y les dije que era solo un antiguo compañero de instituto. Por supuesto que no les convencí, ni lo pretendía. Pero sabían que no me sacarían ni una palabra de más. En ese momento, mi abuela…

—Oh, vaya. Tranquila, sé lo mucho que la echas de menos —la consolé, agarrando su mano.

Era alguien muy importante para ella. Tanto que al hablar de ella se le pone un nudo en la garganta. La ha llorado muchas veces, pero no porque quedaran temas inconclusos entre las dos, sino simplemente por amor. En vida le hizo saber lo mucho que la quería. Aún lleva en el cuello lo único que le pidió antes de morir, una cadena que su abuela siempre llevaba puesta. Era la forma de tenerla siempre cerca. No le interesaba nada más. Solo eso.

—¿Puedes seguir? No hay prisa. Tómate tu tiempo.

—Sí, puedo. Como te decía, mi abuela se levantó y se sentó a mi lado. Me puso la mano en la rodilla y al mirarme me dijo: «¿Sabes que la historia se repite?». «¿Qué historia, abuela?», contesté. Y ella me contó: «Hace años, un familiar de tu amigo se enamoró perdidamente de tu tía, pero ese amor no podía ser. Ella había conocido al que hoy es tu tío y decidió quedarse con él. Nuestra familia y la suya se conocían desde hace mucho. Eran otros tiempos, ahora la vida ha cambiado».

»Me quedé sin reaccionar. No sabía nada de esa historia. Ella se dio cuenta, puso su brazo por detrás de mi espalda acercándome a su pecho y me besó la cabeza. Nos abrazamos y al oído me susurró: «No tiene por qué acabar igual». A lo que yo respondí: «Ya ha acabado igual».

—¡Dios mío! ¿Quieres decir que viene de tan atrás?

—Exacto.

—¿Cuánto hace de esto? —quise saber intrigada.

—Algunos años.

—¿Has vuelto a saber de él en este tiempo?

—Sí y no —me dijo, bajando la vista.

—¿Cómo es eso?

—Que lo he visto unas tres veces en estos años, pero no le dije nada. Cambié de camino.

—¿Por qué?

—Porque no podía. No quedaba nada de aquella que fui y no quería que me viera en ese estado. En ese momento solo intentaba sobrevivir. Los años habían pasado, no era la jovencita de piel tersa. Era una mujer destruida. Estaba en un pozo del que no lograba salir y lo que quería era cambiar la dirección y perderle de vista. Me miré en el cristal del escaparate y, aunque me coloqué el pelo, me vi sin luz. Hui.

»Prefiero que me recuerde como era, como aquella persona que le quiso como amiga y como amante. La compañera de clase, la vecina…, sin las arrugas de hoy ni los problemas que llevo en la mochila. Quiero pensar que en algún momento sintió algo por mí. Eso me reconforta más que reconocer que solo fui una opción siempre a tiro.

—Sofía, tienes que avanzar. El miedo no puede gobernar tu vida. Has dejado que te domine y te consuma con el tiempo. Sé que no es fácil, pero es el momento de buscar ayuda o esto no acabará bien.

—Lo sé —admitió llorando.

—¿Cuánto llevas sin salir de casa? Dejaste de salir poco a poco, hasta que ya no puedes ir ni a un supermercado. ¿No ves que le das lo que quiere? Cuanto más hundida estás tú, más sencillo es para él. Vas a trabajar porque no te queda otra, sonríes, pero estás muerta por dentro. Has perdido la alegría. Esto debe acabar. Yo te acompaño donde haga falta, pero vamos.

No quise agobiarla más. Ella debía tomar la decisión. Así que le dije que fuéramos a la terraza, a tomar un poco el aire, y hablaríamos de temas triviales para desconectar de lo que nos rodeaba, aunque eso supusiera estar en silencio. Aquella tarde no hablamos más del tema. Y debo reconocer que me quedé preocupada. La fortuna no estaba de su lado. Aunque ella no quiera reconocerlo, parece ser que el destino la pone a prueba otra vez.

Nos vimos a la semana siguiente, no tenía más remedio que ir a comprar y me pidió que la acompañara. Conducía con las manos agarradas al volante con tanta fuerza que apenas le circulaba la sangre, miraba a la carretera como si le pareciera el camino más largo de su vida. Suspiraba tan profundamente cada cierto tiempo que daba la sensación de que le faltaba el aire. Era frustrante verla sentirse así y no poder hacer nada. De tanto en tanto decía: «Ya llegamos». A lo que simplemente podía responderle con un «sí, lo haces genial». Qué triste ver a alguien consumida por el miedo, la ansiedad, el pánico a las cosas más simples de la vida. ¿Dónde había quedado aquella chica que rebosaba alegría? La que se divertía y hacía reír a los demás en cada encuentro. ¿Y si no conseguía encontrar la salida?

Llegamos al lugar y bajó del coche, no sin antes coger algunas monedas para el aparcacoches que siempre estaba allí.

—Venga, vamos allá. Tengo claro lo que necesito. Entramos, lo cogemos y salimos. Será rápido.

—No te preocupes por mí. Lo hacemos como a ti te vaya mejor —le dije intentando no presionarla.

—¡Oh! Hoy hay mucha gente para ser mediodía. Deberían estar comiendo.

—Bueno, si quieres vamos por esa zona que no está tan llena —respondí para facilitar la situación.

—Sí.

Cuando llegamos a la puerta de la tienda se detuvo un segundo, cogió aire y, sin decir nada, me miró e hizo un gesto con la cabeza para que entráramos.

—¿Esta vez no lo has comprado por internet?

—No, lo necesitan ya y no llega a tiempo. No fui previsora en esto.

—Bien, no hay mal que por bien no venga. Has llegado hasta aquí. Eso es perfecto.

Fue directa al pasillo de niños, deprisa y sin detenerse a mirar las novedades o las ofertas como habría hecho antes. Me rezagué unos pasos y cuando me di cuenta, se dirigía hacia mí con la cara desencajada. Estaba teniendo un ataque de pánico. Solo me susurró:

—¡Tengo que salir de aquí ya!

Le di la mano y le dije que saliera de allí, que yo iría a pagar. Fue un momento de angustia absoluta. Al salir la vi sentada con la cara entre sus manos, derrotada.

—¿Nos vamos? ¿Puedes conducir?

—Sí, si conduzco a casa me centro en la carretera y dejo de pensar —me explicó, mientras andaba con paso acelerado.

Es tan complicado ayudar a alguien que lo sufre todo en su cabeza. Ni la medicación que lleva años tomando la salvaba de estos episodios. Las lágrimas se deslizaban por sus mejillas mientras me relataba lo agotada que se sentía. Estaba cansada de sentirse mal.

Llegamos a su casa, y como si de magia se tratara, sus gestos, su habla, todo cambió por completo. Estaba en su entorno, en el único lugar en el que se sentía segura. Parecía otra. No era la primera vez que vivíamos algo así, empezaba a ser difícil.

—¿Quieres hablar de ello?

—Sí —afirmó con resignación.

—¿No crees que es el momento de buscar ayuda? Tengo miedo de que algún día no puedas con esto y te des por vencida.

—Lo sé. Querría llevar una vida normal, pero no puedo. He decidido pedir cita a una psicóloga, pero lo haré *online,* porque si no, no iré.

—Claro, es una idea genial. —Y la abracé con fuerza.

—¿Puedes estar conmigo en las primeras sesiones? —me preguntó.

—Por supuesto, pero sabes que si, como tú dices, logras conectar con ella, contarás situaciones muy íntimas que no sé si quieres que yo oiga…

—No importa, la mayoría las sabes. Además, ¿qué más puedo perder? Si ya me he perdido a mí misma.

—Gracias por confiar en mí.

Ahí fue donde empezó todo. Y aunque no pude estar en la mayoría de las sesiones, reconozco que al oírla fui capaz de hacerme un poco más a la idea de muchas de las cosas que la atormentaban. Nunca oí los consejos de aquella mujer, porque ella llevaba cascos puestos, pero lo cierto es que consiguió llegar a la Sofía más profunda y ese hecho la convenció para continuar. No era la primera vez que lo intentaba con una profesional y no había ese *feeling* que mi amiga necesitaba para abrirse en canal a alguien y desenterrar los demonios que la torturaban.

Sabía que el hecho de acudir al psicólogo la haría remover todas aquellas vivencias que había ido almacenando, bloqueando…, y eso asusta a las personas como Sofía, que están exhaustas de sufrir. Pero era consciente de que para sanar por completo o, por lo menos, para aprender a gestionar y empezar a vivir, debía sacudir mucho de lo guardado, aunque eso supusiera tocar fondo del todo. No sería difícil, ya sentía que estaba en lo más hondo… un poco más. ¡Qué más da! Lo siguiente sería comenzar a subir.

IV

¿Mejor así?

Pasaron unos meses y tenía mejor aspecto. Iba imponiéndose pequeños retos, siguiendo las recomendaciones de su terapeuta y unas veces lo conseguía y otras no, pero no importaba porque ya iba por el buen camino.

Una tarde quedamos para ir a caminar, ese era un plan accesible para ella. Mientras andábamos me contaba de su día a día. En resumen, una mujer entregada para sacar adelante a su familia, enamorada de su trabajo, obsesionada por no fallar como madre, cuestionada por aquellos que no podían moldearla ya a su antojo y consumida por su nulo tiempo para ser sencillamente una mujer. En ese instante empecé a ver cómo aquellos que la querían, ponían en duda algunos de los pasos que daba. Si quedaba para comer, aunque no fuera en un restaurante, insinuaban que si había alguien más que su pareja; cuando no tenía a sus hijos, algo poco probable, y decidía ir a algún lado, le preguntaban por qué no esperaba a que su pareja no tuviera trabajo, dónde iba sola…

De su pareja podría decir que era alguien entregado profundamente a su trabajo y con quien ella era feliz. La cuidaba cuando se sentía mal y absolutamente enamorado de Sofía. Pero… sí, había un, pero.

—¿Qué tal por casa? —pregunté.

—Como siempre, él trabajando muchas horas incluso las que no le tocan y yo…pues con los niños, el trabajo y en casa —me dijo, mirando el suelo.

—¿Qué vas a hacer?

—Voy a decírselo. Ya no siento lo mismo. Es como si compartiéramos piso. Y ahora si no estoy en casa cuando llega, se molesta. Me dice que si me apetece salir que él puede venir conmigo. ¿Qué hago si ahora quiero tiempo para mí? Él está poco tiempo en casa y yo… es como si hubiera perdido el norte. Siento que estoy fallando a todos. Me gustaría poder tener días para desconectar de todo. Incluso de mis hijos. Ellos son mi vida. Es como si quisiera poder escapar de este mundo que me agota. Me siento culpable.

—¿Por qué no hablas con tu familia del tema? —le dije.

—Porque ya lo he hecho. Les he explicado que estoy consumida. Que no puedo más —me dijo llorando.

—¿Y?

—Que lo entienden y me ayudarán en lo que puedan pero que he perdido la cabeza al pensar en dejar a mi pareja. Nadie nos querrá ni a mí ni a mis hijos como él lo hace. Y supongo que tienen razón. No creen que la mejor manera de solucionar lo que me sucede sea pasar tiempo fuera de casa y sin los míos. Que ya no tengo quince años…

—¿Qué dices?

—Lo que oyes. Mi pareja me ha dicho que solo él sabe ayudarme cuando sufro los ataques de pánico o de ansiedad. Y es cierto. No quisiera hacerle daño. Me da paz. Pero me pregunto si era más controlable cuando estaba enferma y ahora que intento salir de ello… no entra en los planes de nadie que me vean con los amigos que perdí hace años porque eso me convierte en mala madre y derrumba la vida de aquel que siempre me ha conocido en una burbuja y era mi pilar.

—¿Y qué pasa entonces contigo?

—No lo sé. Me agobia que haya malestar en mi familia y en mi casa porque creen que actúo por impulsos y me arrepentiré. Eso también me da miedo. ¿Y si estoy cometiendo un error?

—¿Crees que es un error querer tiempo para tener una vida fuera de tu único y reducido círculo? —le pregunté con un tono áspero.

—No lo sé. Estoy hecha un lío.

—¿Qué opina tu psicólogo de esto?

Pues que llevo tiempo preocupándome por hacer lo esperado de mí que he olvidado que soy persona.

—Opino igual. Las palabras te han golpeado fuerte. Esas heridas son las que más tardan en cicatrizar.

—Sí.

—Sofía, amiga, estoy aquí. Ahora la que más importa eres tú. Si tú no estás bien, tus niños tampoco. Arrasa con todo lo que te frene si fuera necesario. No estás sola. Incluso quienes ahora no lo entienden, te quieren y te querrán porque eres buena persona.

—Te quiero, Rosa —me dijo, dándome un abrazo.

—Yo también.

V

Un asunto pendiente

No la volví a ver hasta pasado un tiempo, aunque íbamos hablando. Al verla me quedé sorprendida. Estaba diferente, con un brillo que iluminaba su cara. Me saludó y nos sentamos en un banco de las afueras. Sonreía.

—¿Alguna novedad? —me preguntó.

—No, todo igual. ¿Y tú?

—Yo me siento bien.

—Ya te veo —le dije chocando su mano con la mía.

—Tengo algo que contarte.

—¡Ay! Esto suena a cotilleo. Sí, señor. Lo echaba de menos.

—Esta semana pasada estuve en la playa con los niños y mi hija me enseñó su cuenta de Instagram. Había un chico que le gustaba y me dijo que le buscaría para que viera cómo era. Cuando le buscábamos apareció un perfil que me sonaba mucho. Solo tuve que leer el nombre para darme cuenta de que le había encontrado de nuevo.

—¿A quién?

—Al chico del que te hablé una vez.

—¿El de tu juventud?

—Sí.

—¡Venga ya!

—Sí.

—¿Y qué?

—Nada.

—¿Cómo que nada?

—Solo miré un poco sus fotos.

—¿Le has escrito?

—No, ni en broma. ¿Qué quieres que le diga? No sé ni si está casado y tiene una familia. Si no quiere hablar conmigo. Han pasado demasiados años. ¿Y si no quiere saber nada de su pasado?

—¿Qué tal empezar con un hola? —le respondí.

—Sinceramente, le mentiría en cuanto me preguntara qué tal me ha ido la vida. ¿Qué le digo? Yo me divorcié, tengo agorafobia, trastorno de la ansiedad, acabo de dejarlo con un hombre maravilloso para mí, llevo años sin tener vida social… ¡Ah, sí!, lo bueno es que tengo unos hijos fantásticos, que estoy en tratamiento psicológico para sobrellevar todo esto y empiezo a sentirme mejor.

—Visto así, eres un dolor de cabeza, amiga.

Nos miramos y empezamos a reír sin parar. Sofía empezaba a ser ella. Me gustaba verla emerger. Sería largo, pero ahí estaba ella como una guerrera.

Me fui a casa y al llegar mi teléfono estaba recibiendo una videollamada de Sofía.

—Amiga, lo he hecho —me confesó.

—¿Qué has hecho?

—Le acabo de escribir.

—Oh, Dios mío. ¿Y qué?

—Que sea lo que tenga que ser —suspiró con arrepentimiento y con la mano en la boca.

—Bueno, ya está hecho. No es nada malo.

—Me siento fatal, quizá no debería haberlo hecho.

—¿Quieres que venga?

—Sí, por favor. Estoy muy tensa.

Al llegar a su casa me relató que quería seguir en su zona de confort porque eso le daba la paz que necesitaba para curarse, aunque reconocía que a veces necesitaba un poco de adrenalina en su mundo. Confesó que desde que vio su perfil no había dejado de pensar en él y, para bien o para mal, opinaba que la única forma de saber qué ocurría era escribiéndole. Le comenté que me parecía buena idea, pero que recordara que ahora debía luchar por ella.

Con su respuesta intentaba demostrarme que podía mantenerse firme y que esa situación era un reto para ella, porque entonces su vida era superar miedos, inseguridades y asuntos pendientes. Vi en sus ojos la necesidad de saber de él, de averiguar cómo le fue la vida… En el fondo, seguía añorando a su amor, a su amigo.

De repente se oyó un pitido y sus ojos se abrieron mientras miraba el móvil sin atreverse a tocarlo.

—Es él.

Pude visualizar a la niña que fue. La ilusión levantaba esas pestañas negras y sus mejillas se sonrojaron mientras sus manos se juntaban y sus dedos se entrelazaron como el creyente que pide un milagro al Todopoderoso. Cogió el teléfono y empezaron a hablar. La conversación fluyó como los amigos que fueron ahora convertidos en dos adultos haciéndose las típicas preguntas sobre trabajo, hijos, vida, recuerdos… La vi respondiendo con una frescura que ya no recordaba. Fuera por lo que fuese, los vi ahí lejos y cerca a la vez, como se suele decir. Así que le di un beso y flojito le indiqué que ya me iba. Era su momento.

Por la noche me escribió para contarme cómo había salido todo. Se sentía molesta por no haber sido ella quien cerrara la charla. Eso habría demostrado, según Sofía, que tenía el control y que no desesperaba por su atención. Necesitaba convencerse de que entraba y salía de esto cuando quería, pero se le adelantó y no le quedó otra que aguantar su herido ego. Lo más impactante fue cuando dijo que él le había pedido si quería ir a tomar café para ponerse al día después de tanto tiempo.

—Yo ni siquiera bebo café, no me gusta —declaró.

—¿Y le has dicho que no?

—Le he dicho que sí, sin pensarlo. Soy estúpida. No puedo, no puedo hacerlo.

—¿No irás?

—Quiero verlo, claro, pero no seré yo quien ponga fecha primero. Ya dirá algo si quiere —concluyó, haciéndose la fuerte.

VI

Cosmética para el alma

Lo cumplió, al cabo de un par de días supo de él de nuevo. Había llegado la invitación con día y hora a la que no fue capaz de renunciar. Se despertó a las seis de la mañana, ya no podía conciliar el sueño. Estaba nerviosa. Colocó su cuerpo frente al espejo y respiró. No quería que la viera así, vacía por dentro.

Se soltó el pelo, se quitó la ropa evitando ojear su cuerpo desnudo para no ver las cicatrices de los años. Se metió en la ducha y dejó que el agua resbalara por su piel cerrando los ojos. Cubrió cada poro de su piel con crema corporal, buscando un brillo especial que tapara su tristeza, y cepilló mechón a mechón su cabello.

Abrió el cajón y miró sus brochas, pintalabios y lápices de ojos. Llevaba tanto tiempo sin usarlos que les tenía hasta respeto. Le surgieron dudas durante unos segundos, pero la ilusión del encuentro pudo con esos pensamientos. No buscaba amor, solo quería calmar la curiosidad de averiguar qué fue de aquel chico que un día fue su delirio.

Cuando acabó, se puso sus vaqueros negros, un jersey beis y sus botas. Se volvió hacia el espejo de nuevo y no era la misma. El maquillaje había conseguido disfrazar la pena y el miedo quedaba bajo la ropa. Al salir a la calle estaba irreconocible. Una vecina se le acercó para abrazarla; tiempo atrás la vio salir en ambulancia de ese mismo portal. Sobraban las palabras. La mirada de aquella señora mayor lo decía todo. Me llamó antes de ir.

—Amiga, ha llegado la hora. Tengo temblores y náuseas. He sido incapaz de comer algo. Las manos están heladas y me sudan. Me va a dar algo. Hoy no me funciona ni la medicación. Siento pánico.

—Sofía, puedes hacerlo. Únicamente intenta distraerte con lo que puedas.

—Estoy en el coche. Sigue hablándome que pongo el manos libres, no me dejes. No está aún.

—Sofía, faltan quince minutos.

—¿Qué hago?

—No sé, sal del coche y toma el aire.

—No, mejor aquí dentro.

—Como quieras.

—Voy a organizar un poco los papeles de la guantera.

—Bien. Sofía, voy a colgar ya. Respira que todo va a salir bien —intenté calmarla.

—De acuerdo. Luego te llamo y te cuento qué tal si no he muerto antes.

—Aquí estaré. —Colgamos.

Las horas que pasaron se hicieron largas. Podía pasarle cualquier cosa. Decidí acercarme sin que se dieran cuenta y los vi. Él aparcó a su lado y le sonrió. Sofía bajó de su coche con el espíritu sobresaltado, pero con la firmeza de un soldado dispuesto a ganar la guerra. Se fundieron en un abrazo como si no hubiera pasado el tiempo. Él se alejó un poco y pude ver cómo le decía que estaba igual. Ella era incapaz de aguantarle la mirada. De repente, como era de esperar, le ofreció ir en su coche a tomar algo y ella, sin pensarlo, se subió. Su prueba de fuego acababa de empezar. Sofía en una cafetería y con personas a su alrededor. A eso se le podía llamar terapia de choque, pues ella había decidido disimular con todas sus consecuencias. Un vivir o morir en el intento.

Se hizo de noche y me llamó.

—Hola —me saludó.

—Hola, parece que has sobrevivido.

—Eso parece.

—¡Cuéntame!

—No te lo vas a creer, pero he estado en una cafetería.

—¿En serio? ¿Esos sitios con gente tomando cafés, hablando y todas esas cosas?

—Ya te vale.

—Es broma. ¿Cómo ha ido? —la interrogué, dándole seriedad al asunto.

—¡Ay, amiga, cómo duele esa mirada! Cuando ha llegado nos hemos sonreído y al bajar del coche nos hemos abrazado. Me ha dicho que estoy igual, a modo de piropo, creo, porque le he dicho que él también. Solo que veinte años más mayores y algunas patas de gallo asomando. Hemos ido en su coche a una cafetería y mientras hablábamos, nos rozábamos el brazo o la pierna, como si necesitáramos el contacto. Debo reconocer que haber elegido una mesa apartada lo ha hecho más llevadero. He pedido un té, y él, café, y hemos empezado a recordar cosas de aquellos tiempos. He podido oírle hablar de anécdotas que pensaba que solo yo recordaba. Hemos reído mucho y aunque en un momento determinado el pánico se ha apoderado de mí, he podido controlar la situación.

»Cuando se está bien, el tiempo vuela. Volvimos al coche y tenía la sensación de que no nos hubiéramos separado nunca. Nos quedamos hablando un poco antes de marcharme. Me ha contado que hasta hace poco estaba con una chica, pero que no ha funcionado. Estamos igual, parece. Le he dicho que me tenía que ir y le he dado un abrazo de despedida.

—¿Besito?

—No, qué va —me dijo relajada y sonriente.

Era casi la chica que conocí. Siendo fiel a la verdad, su carácter es así, cariñosa, de dar muchos abrazos y sin problemas para decir «te quiero» a quien aprecia de verdad. Sea quien sea.

—Un abrazo era suficiente. Me ha asegurado que le ha gustado mucho verme y, por supuesto, le he contestado que a mí también. El abrazo ha sido cortito, no de los míos. No quería que pareciera otra cosa. Abrí la puerta lo más rápido que pude. Quería salir, pero no quería irme. Me pilló desprevenida al decirme que si me apetecía que nos viéramos otra vez.

—¡Ah! —grité de alegría.

—¡No grites, loca!

—¡Aquí hay tema! —exclamé riendo a carcajadas—. Le habrás dicho que sí, ¿verdad?

—Ahí está el problema, que no he podido decirle que no —se lamentó con voz arrepentida.

—Bueno, ya está hecho.

—Sabes que yo no tengo una vida normal, por mí y por quienes me rodean. ¿Qué voy a ofrecerle?

—A ti, Sofía.

—No es tan sencillo, tú me conoces. Nunca soy yo misma si no confío. Es difícil para los demás conocerme si no llevas un tiempo en mi vida y te molestas en saber de mi día a día. Solo así sabrás quién soy. La apariencia o mi actitud se alejan bastante de mi verdadera esencia.

—Lo sé, date tiempo y dáselo a él —le recomendé—. Estas cosas no las podrás controlar.

—Ya, no estoy segura de nada. ¿Y si me equivoqué abriendo esta puerta y cerrando la otra?

—Cuando cerraste ese capítulo de tu vida era porque, aunque era un buen hombre, algo fallaba. Y al decidir entrar en esta historia no le estás pidiendo matrimonio, solo quieres ver qué pasa. Déjate llevar. No pienses tanto. Vive, disfruta el momento y sé feliz.

—No quiero sufrir. No estoy lista para otra decepción. Nada de ilusiones.

—Es tarde, amiga.

—¿Qué?

—Que ya estás ilusionada.

Se hizo un silencio momentáneo que verificaba mi afirmación.

—Puede.

—Partes con desventaja, Sofía. Esto no viene de ahora porque se forjó hace mucho tiempo… Simplemente, no era el momento.

—No estoy segura de que ahora lo sea —susurró.

VII

Susurros al oído

Me pregunto cómo algo tan fuerte puede permanecer sigiloso, esperando durante años como si supiera que el tiempo les volvería a reunir. De repente aparece y hace bombear el corazón con tanta celeridad que hace que se disparen los poros de la piel hasta que solo un roce o un pensamiento los hace vibrar de manera desorbitada.

Él, un reconocido arquitecto, con un mundo construido a su alrededor lleno de aduladores y pocos con buenos deseos hacia él. Ella, jefa de una pequeña empresa de jardinería, con una idea poco corriente de lo que supone liderar un proyecto así. Aquello era más una familia, que de tanto en tanto se tiraba los trastos a la cabeza, que una empresa propiamente dicha. Así lo quería Sofía, no sabía hacer las cosas de otra forma. A tiempo completo entre su negocio y su familia. Un mundo totalmente diferente al de él.

No, nunca pronunció su nombre. Jamás me lo dijo. Se lo pregunté, pero siempre me repetía que prefería no desvelar esa parte. No lo comprendí hasta mucho tiempo después.

Se volvieron a ver más veces, recuerdo muy bien algunas de ellas porque me ayudaron a entender la dimensión que había cobrado aquella historia y las decisiones que tuvo que tomar. Hoy puedo analizar todo lo que sucedió de manera objetiva porque el tiempo pone las cosas en su lugar y parece que estaba escrito que acabara así; pero no puedo obviar mi punto de vista subjetivo porque estuve allí, lo viví casi como si me hubiese pasado a mí y, por momentos, pude sentir aquel amor que traspasaba lo físico.

Una de esas veces, habían dedicado su tiempo a hablar. Él no estaba anímicamente bien y ella lo escuchó como la amiga que era. Fue muy duro para ella oírle hablar de una mujer por la que sintió mucho y que, al final, llegó a la conclusión de que le había utilizado. Sofía intentó aconsejarle desde el corazón, dejando a un lado cualquier sentimiento que ella pudiera tener. A medida que avanzaba la conversación, se dio cuenta de que en el interior de aquel hombre había mucho más por reparar que un simple desamor. Necesitaba ordenar su mente y sus emociones. Le propuso la ayuda de un profesional para que empezara el cambio de una manera correcta, sin parches, sin fiestas, sin reparaciones a medias… Pero, siendo muy ella, le confesó la verdad, debía estar dispuesto a destruir muchas barreras por completo, tocar fondo y coger fuerza para dar forma a lo que estaba deformado.

Por suerte, ella ese día podía permitirse escucharlo sin que afectase en demasía a su propia salud mental, aún en proceso de reconstrucción. Fingió fortaleza, pues para Sofía ahora primaba la amistad.

Tenía que volver al trabajo y la acompañó hasta la puerta. La abrazó por detrás y puso su boca en su oído. Sentía su respiración. Para salir del paso, en tono de burla, le soltó: «¡Vaya mediodía me has dado!». Él le susurró un «gracias por todo», y ella solo pudo responder: «Para eso están los amigos». El sonido de su voz y sus brazos rodeándola le provocaron escalofríos. Abrió la puerta y un «nos vemos» entrecortado la ayudó a salir de la situación. El deseo y la lujuria marcaban cada uno de sus pasos.

Me contó que se quedó sentada en su coche hasta que aquel subidón de adrenalina bajó de intensidad. El deseo se convirtió en frustración y no le quedó otra que poner el coche en marcha e irse.

Al cabo de unas horas le escribió para decirle lo mucho que sentía verle así y la conversación fue tan ligera que acabó confesándole una parte de su alma. Le contó que no quería enamorarse porque ya lo estuvo en su momento y le pidió lo mismo a él, porque no estaba preparado. Le confesó que le gustaba estar con él, que esos mediodías que pasaban juntos la hacían sentirse bien, pero que le daba miedo acercarse demasiado y luego no saber alejarse.

Su respuesta fue excitante para ella. El texto rezaba lo siguiente: «Necesito abrazarme a ti otra vez, me ha gustado mucho estar así contigo». No se pudo resistir y se dejó llevar al decirle que ella sintió lo mismo y que podía ser el principio de muchos abrazos.

Buscaba fuerzas en los días posteriores para no escribirle, lo echaba de menos, pero se negaba a dejarle ver que se moría por saber de él. Consideraba que ya se abrió suficiente en su última charla y no entraba en sus planes parecer desesperada. No quería que supiera que ya estaba enamorada de él.

Volvieron a verse, pero siempre mantenían que no eran citas, era importante decirse el uno al otro que eran amigos, aunque la tónica de sus encuentros era flirtear continuamente. Como siempre.

En una de aquellas «no citas», entraron en un local de cata de vinos y ella empezó a mirar a su alrededor: sitio cerrado, olor a vino por todas partes, repleto de gente… El cóctel perfecto para que estallara la bomba. Él empezó a hablarle, pero ella no le podía seguir, el pánico se reflejaba en sus ojos. Luchaba con todas sus fuerzas para disimular que había perdido el control, y eso era peor aún. La vergüenza era algo que se añadía al problema. «¿Quién querría estar con alguien con estos problemas?», pensaba ella. Era como si creyera que el tiempo que tenían debía ser perfecto para no perderlo de nuevo. No sabía cómo decirle que tenía que salir de allí, pensaría que estaba loca. El terror ya recorría cada parte de su cuerpo.

Para su sorpresa, él reaccionó mejor de lo esperado. Le aseguró que si no se encontraba bien, lo pedirían para llevar y le propuso terminar la cena en su casa, un lugar más tranquilo para que pudiera relajarse. Esas palabras la ayudaron a sobrellevar la situación. Pero el ataque había sido de los duros, sería complicado.

Me explicó las mil veces que se disculpó. Le reveló que no llevaba ningún tranquilizante en el bolso. Él respondió: «No tomes nada, yo estoy contigo». Esas palabras, aunque no causaran el efecto que su cuerpo necesitaba, la ayudaron a no escapar de la situación; algo habitual en estos casos, buscar refugio en un lugar seguro para ella. Decidió quedarse. Un pequeño triunfo para Sofía, aunque no se diera cuenta.

Todavía resuena en mi cabeza aquella voz que me contaba lo que había sentido: «Estaba tan cariñoso, amiga. Me abrazaba, me besaba la mejilla… Y hemos bailado en su salón, él y yo. El tiempo se ha parado. No he podido probar bocado, pero ha conseguido que poco a poco bajara la ansiedad». El brillo de su mirada mezclaba el miedo y la ilusión. Hacía tanto tiempo que no la veía así que no pude decirle que fuera con cuidado, que dejara esa maratón, que fuera con calma para poder mostrarle quién era. Me recordaba a alguien que quiere guardar agua en sus manos, aunque inevitablemente algo se escurrirá entre sus dedos.

Sofía debía volver a casa, no le quedaba más remedio. Sus obligaciones solo le permitían cierta libertad. No quería irse en el mejor momento. Quedaban unos minutos para su toque de queda y se levantó de aquel sofá. Sentía culpabilidad por desear la libertad. Una abstemia que había bebido hasta poder soltar todo lo que la retenía, la ahogaba y la controlaba.

—Andaba hacia la puerta y él caminaba detrás de mí, mil pensamientos alborotaban mi cabeza. No quería irme sin un beso y me susurró que era una pena que ya tuviera que irme. Al oírle me giré y nos quedamos parados uno frente al otro. Con sus dedos acarició mi cabello, mientras le explicaba en voz baja que no tenía más remedio. Ya no nos mirábamos a los ojos, la vista estaba puesta en los labios del otro. Acercó su rostro despacio. Yo le rozaba la cara con mis manos y cerré los ojos para sentir su boca pegada a la mía… Cálida, suave, tal como la recordaba. Nuestras lenguas se encontraron con calma y pude saborear cada milésima de segundo de aquel instante que me llevó al éxtasis más absoluto, un paraíso que combinaba la dulzura y el deseo más carnal. Sus manos bajaron por mi chaqueta hasta que llegaron a la cintura, se escondieron debajo de mi camisa de seda y se movían entre la piel y la ropa, sin subir ni un centímetro más, aunque lo deseáramos. Nos separamos un poco, frente a frente, y me preguntó si de verdad no podía quedarme. Tuve que decir que no. ¿Cómo iba a quedarme? Si él supiera todo lo que sucede cuando cruzo su puerta…

Eso era lo que la enganchaba a él. Aquel tiempo juntos la llevaba a otro lugar, y podía olvidar que en su mundo las cosas no funcionaban. Tenía tantas batallas que librar, cual soldado en la guerra, que estar allí era su trinchera, su segundo de paz, pero con la tensión de un ataque en cualquier momento.

Salió de aquella casa y tuvo que esperar unos segundos para poder controlar aquella sensación. Me llamó para decirme que hacía años que no sentía aquella ilusión en su vida. Recuerdo esa conversación como si fuese ahora mismo, mientras hablábamos por videollamada sus ojos brillaban como si dos estrellas hubieran caído en ellos. Sus palabras eran dardos acelerados que mostraban aquella que fue. A medida que pasaban los minutos la vi reír, gestualizar sin control y viva, la vi viva.

De repente, la cara le cambió por completo y dijo:

—No, ahora no. Por favor.

—¿Qué pasa? Me estás asustando —exclamé.

—Tengo un mensaje.

—Dime que no es él.

—Sí.

—No lo leas, ahora no. Déjalo. No te hará bien.

—Demasiado tarde —admitió, bajando la mirada—. Dice que debería estar cuidando de los míos y no comportándome como una…

—Sofía, no. No dejes que eso te hunda.

—Quizás, en parte, tenga razón. Ya no tengo quince años…

—¡Pero eres persona, tienes derecho a vivir!

Solo contestó que tenía que arrancar, que hablaríamos en otro momento. Colgó. Es increíble la fuerza que pueden tener unas palabras. Su poder puede destruir y puede matar. A ella, esa noche, le mataron la ilusión.

VIII

Una noche para dos

A la mañana siguiente estaba más tranquila. Yo preparaba las infusiones y ella se quedó en el porche. La pude ver luchando contra esas imágenes que entorpecían su concentración y provocaban estremecimiento. Parecía que podía sentir su boca, de vez en cuando se rozaba los labios con los dedos, y ahí pude ver la pasión con la que lo recordaba.

Me preguntó qué haría yo y sugirió hacer una lista de pros y contras de su vida actual. No podía creer lo que me pedía, buscaba soluciones matemáticas en las que hablara la razón. Así que le pregunté:

—¿Tiene cabida algo tan objetivo en asuntos de amor? —Era una pregunta retórica.

—Lo he invitado a cenar. He elegido un sitio al lado del mar. Sé que le gusta —me informó sonriendo.

—¡Qué romántico! No dejes que nadie te pare.

—Creo que me sigue —soltó con el rostro compungido.

—¿Él?

—No, el otro. Se ha propuesto arruinarme la vida.

—Escúchame, párale los pies. Llegó la hora de decir basta. No supera que le pidieras el divorcio y ese es su problema.

—No haré nada que pueda perjudicar a mis hijos. Solo son mensajes —se justificó con pena.

—Bloquéalo.

—No puedo, será peor. ¿Cambiamos de tema, por favor?

—Como quieras —accedí, frustrada.

Pasados dos días recibí su llamada:

—Hola, Rosa. Quería contarte lo de ayer.

—Estaba ansiosa por escucharte.

—Llegamos al restaurante y nos sentamos en una mesa al lado de un balcón de cristal que dejaba ver el acantilado al mar. Oíamos las olas abalanzándose sobre las rocas y retirándose con suavidad. Una luna rosa vigilante y enorme era suficiente luz para nosotros. Uno frente al otro, con una vela en la mesa que propiciaba confesiones y complicidad, dos copas de vino blanco. Esa noche me apetecía todo si era con él.

»Me invitó a bailar tan pegados que los latidos del corazón acabaron acompasados, al tiempo que surgía el deseo más instintivo y primitivo de besarnos como si no hubiera un mañana. No había nadie más. Fotos juntos y una pareja de ancianos extranjeros que, cuando los miré casi con un poco de vergüenza, me sonrieron y él besó la mejilla de su esposa mientras le pasaba el brazo por su espalda. Ella cerró los ojos en connivencia con su marido, mostró una leve sonrisilla y se miraron como si estuvieran viviendo un *déjà vu*. Fueron unos segundos hermosos. Aquel camarero, que quiso ser partícipe de esos momentos con sus invitaciones, sus historias y sus risas, fue tan amable que dio la sensación de que nos conociera de toda la vida.

»Perdí el control al entrar en aquel ascensor. Hubiese apretado aquel botón rojo para detenerlo y que no se hubieran abierto las puertas. Él, como siempre, había bebido más que yo, pero era un experto, controlaba bastante bien. Corrimos por aquel pasillo parándonos de vez en cuando para desatar algún botón. Llegamos a la habitación y no pude negarme. Le deseaba con todo mi cuerpo y, lo que es peor, mi espíritu.

»Todavía puedo sentir cómo sus manos subían por mis muslos y las mías levantaban su jersey gris para poder respirar el aroma de su piel. Su nariz rozaba la mía y nuestros ojos se abrían llenos de sensualidad para volver a cerrarse embriagados por el anhelo de estar uno dentro del otro.

»Después de aquel encuentro nos duchamos y se sentó en el balcón y me pidió que le hiciera compañía. Me acerqué para sentarme a su lado, pero me cogió la cintura y me sentó encima de sus rodillas. Recuperamos recuerdos de antaño, algunos que ahora me resultan vergonzosos y que él recordaba perfectamente, para mi desgracia.

»Decidimos que era hora de dormir, no tuvo problema en dormirse rápido. Yo, en cambio, no podía. Había recibido otro mensaje: «¿No duermes en tu casa? Deberías ir y no comportarte como una zorra». Le respondí con tres palabras: «Déjame en paz». Pero era tarde, el miedo estaba en el cuerpo. Lo miré dormir y me vine abajo. No quería estropear la noche y no le conté nada. Había sido suficiente durante la cena. No tenía por qué saber que todo era peor de lo que le conté. No quería preocuparlo ni que le pasara algo.

»Salió el sol y el cansancio hacía mella en mí. Apenas había dormido. Hora de desayunar, demasiada gente, quería salir de allí. Se dio cuenta. Y aceleró la comida. Eso me hizo sentir peor. Pensamientos en bucle se aferraban a mi cerebro: «¿Qué pensará de mí, una chica rara, depresiva, antisocial y sin poder estar en un lugar público?». Eso no era para él. Necesitaba curarme primero para poder darle a él lo que yo creía que necesitaba.

—Cuidado —la aconsejé—. Estáis bien juntos, pero parece que sois el pañuelo del otro. No deberíais ser un parche a lo que no habéis resuelto, por si no sale bien.

—¿Qué quieres decir? —indagó casi molesta.

—Cariño, me alegro muchísimo por ti. Te veo sonreír cuando hablas de él, pero estás forzando la máquina para agradarle a él. No corras. Es un hombre activo, le gusta la noche, lleva muchas vivencias a sus espaldas y tablas en el amor. No quiero que la caída sea peor. Buscas estar a su altura y quizá aún no estés lista. Cuídate y luego pensarás en él.

—No puedo dejarle ahora, me ha pedido que lo ayude. Le he propuesto que si prefiere que me aleje para que pueda encontrarse a sí mismo, lo haré. Lo haría, amiga, aunque doliera. Pero me ha dicho que no, que no me vaya.

»Hoy estaba en casa y he recibido un mensaje suyo. Me ha mandado una foto que ha hecho de la luna desde su coche, con un texto que decía: «Puedo bajarte la luna y las estrellas». Y le he respondido que era muy bonito. Ahora le llamaré «capitán de las estrellas». Si supiera que no quiero nada de eso, que solo lo necesito a él.

—Sofía, solo podrás ayudarlo si él está convencido de que quiere hacerlo. No puedes estar despierta las noches que sabes que tiene algún evento de su empresa por si le sucede algo y debes salir corriendo. No —le espeté con seriedad.

—Ya…

IX

Ausencias

No sé cómo explicar lo que sentí cuando la encontré llorando en la escalera de su tienda, rodeada de plantas. Por primera vez, ese lugar no olía a naturaleza, apestaba a tristeza. Se cubría la cara con dos rosas en las manos y el suelo estaba cubierto de hojas. Entre sus dedos resbalaban gotas de sangre. Me senté a su lado y como pude le abrí las manos para quitarle las flores. Cogí un trapo con agua y le limpié las heridas.

—¿Qué ha pasado? —pregunté en voz baja.

—Ha desaparecido. Llevo cuatro días sin saber de él. Le he escrito, pero no responde. La última vez que hablamos me contó que tenía una fiesta con compañeros del trabajo. Habían firmado un contrato importante y decidieron celebrarlo.

—¿Has preguntado a sus amigos?

—No. Solo algunos saben que existo, porque así lo decidimos. ¿Y quién soy yo para preguntar dónde está a otros? No somos nada. Estaba pactado así, ninguno quería una relación hasta saber que podía ser. Supongo que está bien, porque si no fuera así, un amigo en común prometió avisarme.

—Entonces, después de cuatro días, ¿ni un mensaje? —indagué con sospechas.

—Nada. Él es libre y debe tener su espacio. No puedo enfadarme con él, aunque estoy molesta. ¿Quién sabe dónde estará o con quién? Solo necesito saber que está bien.

¿A qué venía ese instinto de protección? Cada vez que le daba motivos para alejarse era como si algo tirara de ella. La vi coger el teléfono y le escribió unas palabras que sonaban a despedida.

Hola, capitán.

Ha llegado el momento de apartarme. No te he olvidado, pensé que podría controlar mis sentimientos y no cruzar la línea que pusimos, pero el hecho de no saber de ti me hace sufrir. Me pediste que me quedara y lo hice. Así no puedo.

Dejaré de escribirte, aunque el corazón me pida salir a buscarte. Soy consciente de que no hemos aparecido en el mejor momento del otro, una vez más.

No dejes que nadie te utilice, eres tan genial cuando eres tú que eso pone más difícil mi marcha. Debo aceptar que estamos en mundos distintos y no eres para mí. Estaré donde siempre quedamos en nuestras noches más intensas en la distancia. A medio camino entre tu mundo y el mío.

Recibió respuesta al día siguiente.

Lo siento. Tienes razón. Los dos sabíamos que no íbamos a ir más allá. Cuando estamos juntos todo parece fácil, pero luego no lo es. Te prometo que no te he usado para olvidar a nadie. Esa noche no estaba muy bien en ningún sentido y le mandé un mensaje. Me equivoqué. Sé que este es un proceso que debo llevar solo y me va a costar.

No lo creyó. Levantó la vista, me miró y me aseguró:

—Lo conozco bastante bien, me ha utilizado y lo sabe. No quiere hacerme daño, porque es buena persona, pero cuando algo duele buscamos refugios para tratar de paliar el sufrimiento. Sabe que la única manera de terminar con este tema es renunciar a su círculo, y no está preparado. Es un cobarde, pero lo acepto. Si eso quiere, eso tendrá.

Me acerqué y se volvió a derrumbar diciendo:

—No puedo apartarme de él, pero lo haré. No somos nada, pero quiere que me quede cerca. Es ambiguo y lo que más daño me hace es pensar e intuir que me mantiene ahí hasta que encuentre algo mejor.

Si Sofía hubiera podido explicarse a través de una melodía, habría sido muy sencillo usando *Respira*, de Luis Fonsi. Quizás él habría entendido algo más. Antes de amante lo quería como amigo.

Por desgracia, eso se repitió varias veces y, a pesar de que se molestaba y prometía terminar con él, volvía una y otra vez porque era más fuerte que ella. Era consciente de que eran todo y nada, cal y arena, fuego y agua… Los extremos no suelen ser buenos.

X

Un lugar secreto

Han pasado días. Lo echa mucho de menos. Busca el sosiego en un lugar que pocos conocemos. Allí puede llorar, sonreír, despejar la mente… Es la representación perfecta de su situación. Cuando el agua está en calma es el bienestar que necesita, la libera. Los días turbios se imagina que ella es el mar intentando encajar, golpeándose con la realidad. El caos de su vida. Las algas desordenadas, pegajosas se agarran a sus pies y aunque le molesta no poder evitarlo cuando está encima de ellas caminando, es como andar por un camino de nubes. El agua se acerca y cuando intenta tocarla, se aleja. Igual que él.

Llegan pocas personas a ese sitio. Las observa una a una y se da cuenta de que todas tienen sus propias batallas. Una mujer se acerca a la orilla con una flor en las manos, la besa y la posa en el agua para que se la lleve, como si quisiera que esa flor llegara tan lejos que alguien que también lo está pudiera cogerla. Las gafas de sol cubren sus ojos, pero las lágrimas recorren sus mejillas y la delatan.

Una pareja que se esconde entre las rocas para dar rienda suelta a su pasión y busca la intimidad y el romanticismo del lugar. El señor que pesca y a la vez habla con los peces. Los barcos, que aun estando lejos, se ven enormes y si fijas la vista parece el cuadro de un pintor. El deportista que día tras día pone a prueba su cuerpo en esas aguas frías, siguiendo su ritual de preparación antes de perderse en el mar.

Hay tantas historias en aquel lugar que si pudiéramos leer la mente de cada uno, descubriríamos vidas fascinantes dignas de ser contadas. ¿Qué no habrán visto esas rocas? Testigos mudos de tantas crónicas.

Mira de un lado a otro, asegurándose de que nadie la ha seguido. No puede evitar sentir cierto miedo de vez en cuando. Tiene tantos frentes abiertos que cuando va allí tiene la sensación de entrar en una burbuja que la protege de todo y la aísla. Algunas veces ha pensado en lo bien que le iría desaparecer.

He ido a verla y ha empezado a explicarme cómo está.

—Estoy triste, amiga, lo echo tanto de menos. Pero soy consciente de que no le convengo, ni él a mí.

—¿Por qué?

—Tú sabes qué hay a mis espaldas. ¿Y si algo se torciera y le perjudicara a él? No me lo perdonaría.

—Sofía, esto debe acabar. Ya te lo dije, no puedes vivir con miedo.

—Lo sé, debo arreglarlo. Y cuando esté preparada tomaré la decisión. Quizá no será la correcta, pero será la mejor para los dos. Voy a ponérselo fácil.

—¿Qué vas a hacer? —quise saber un poco asustada.

—Encontraré la mejor manera de hacerle ver que es mejor no estar juntos —sentenció con pena en la voz.

—Tú lo amas. ¿Por qué lo quieres apartar?

—Por eso precisamente, porque lo quiero —me explicó, bajando la cabeza.

—¿No te arrepentirás?

—Seguramente, sí. Pero no veo otra salida.

—Lo siento, Sofía. De verdad que lo siento.

XI

¿A la tercera va la vencida?

Era medianoche de un sábado cualquiera. La llamé para salir. No estaba muy segura de si lo lograría. Ella en un bar de copas, gente, poco espacio, calor… Agobiante solo de pensarlo.

—¿Salimos?

—Sí.

—¿De verdad? No me lo puedo creer —exclamé.

—Estarás conmigo, ¿no?

—Por supuesto —le aseguré entusiasmada—. ¿Y ese cambio?

—Tú eres una de las pocas amigas que me quedan, has respetado mi enfermedad y ambas sabemos que solo quien lo ha vivido puede entenderlo. Eres como una hermana para mí, no me juzgas, me aconsejas sin dañarme… No puedo pedir más. Aunque no te esconderé que tengo la intuición de que él estará por allí y quiero verlo, aunque sea de lejos.

—Me parece perfecto. Cámbiate. ¡Y a bailar! —la animé, mientras cogía sus manos y le daba vueltas.

Se arregló, se maquilló y era otra persona. Salimos a la calle y grité:

—¡Señoras y señores, mi amiga ha vuelto!

—Hazme el favor de no gritar. Me da vergüenza —suplicó, poniéndose colorada—. Me queda un largo camino todavía, pero quiero intentarlo.

—¡Esa es la actitud!

Llegamos al local, Sofía estaba tensa pero contenta. Siempre le ha gustado bailar e iba para eso y para divertirse. No habíamos andado ni diez pasos y apareció él con su camisa de palmeras, de la que tantas veces ella se burló para provocarlo, y un amigo suyo. Sofía lo miró y vi el brillo en sus ojos automáticamente.

—¿Qué hacemos? —le hablé entre dientes.

—Ni se te ocurra cambiar de rumbo. ¿Cómo me ves?

—Estupenda.

—Bien, pues adelante. Ya veremos qué pasa —me dijo mientras andaba con paso firme hacia él.

Nada más lejos de apartarse, él también caminó directo hacia ella, con esa sonrisa pícara que tanto gustaba a Sofía. Yo iba a su lado como un escolta asustado que no sabía si tendría que sacar a su protegida en brazos después de un ataque de pánico.

Frente a frente. Ella estaba dispuesta a darle dos besos en las mejillas, cuando él le rompió los esquemas. La cogió de la cintura, la abrazó y le plantó un beso en los labios que la dejó paralizada, feliz, indefensa y derretida.

Su amigo, al ver la situación, dijo:

—Es ella, ¿verdad?

—Sí —respondió él.

—De acuerdo, visto cómo está el panorama, yo haré las presentaciones. Soy Paco.

—Y yo Sofía.

—Ya lo sé. Quién la ha visto y quién la ve —bromeó Paco.

—Eso es bueno, ¿no? —dijo Sofía.

—Muy bueno.

Hechas las presentaciones, se cogieron de la mano como si fueran pareja. No les importaba quién los observara. Subían la temperatura del local cada vez que se aceraban bailando. Él la abrazaba por detrás apoyando la barbilla en su hombro. El grupo de amigos los mirábamos y eran perfectos.

Los dos nos contaron cómo se conocieron, aunque yo ya lo sabía. En ese momento confesó:

—Se lo he dicho otras veces a Sofía, la vida nos reúne cada cierto tiempo y acabamos igual. Insisto en que es el destino, y ella opina que es casualidad.

—Ya no estoy tan segura —le respondió Sofía, posando sus labios con ternura en su brazo.

Él la miró con complicidad y le susurró:

—Estamos destinados a encontrarnos.

La velada continuó y, entre copa y copa, Paco se acercó a nosotras y empezamos a charlar:

—Hace tiempo que no le veía así.

—Gracias —dijo ella, comedida como siempre—. Sé que eres un buen amigo suyo, así que voy a atreverme a pedirte algo.

—Pide —respondió, cogiendo su mano.

—Cuida de él.

—Lo haremos juntos.

Sofía bebió un sorbo de su refresco y añadió:

—No sé si estaré lo suficiente, pero con que me prometas eso ya me sirve.

El chico la miró y le besó la mano. Fue una señal de respeto.

Decidí despedirme y ella quiso quedarse. Él se lo había pedido. Le recordé que si no se encontraba bien solo tenía que llamarme, que mañana la llamaría para saber cómo había acabado la noche. Me miró, me dio un abrazo y nos despedimos.

El teléfono sonó a las siete de la mañana. Videollamada.

—¡Cuéntamelo todo! —le exigí.

—Hola. Ha sido genial. Después de irte quiso saber si me apetecía pasar la noche con él. Y me apetecía tanto que le dije que sí. Íbamos por la calle hacia el coche cogidos de la mano, besándonos a cada paso. Había refrescado y notó que tenía frío. Acercó mis manos a sus labios y soplaba mis dedos para que entrara en calor. Si hubiera podido llevármelo de allí, lejos, a un lugar en el que empezar de cero dejando atrás los fantasmas que nos persiguen a los dos… Era tan distinto cuando era él de verdad. Ese era el que me había conquistado, quien me hacía perder el aliento cada vez que se acercaba.

—¡Qué bien, amiga! —interrumpí.

—Ya sé que te aseguré que iba a terminar con esto, pero siento que esto no durará y solo necesito sentirle a mi lado el tiempo que me quede. Veo el final porque yo debo provocarlo. Me cuesta tanto decirle adiós.

—No te entristezcas. Te comprendo. Sigue contando lo que sucedió.

La cara de Sofía relucía al recordar la noche anterior y continuó:

—Llegamos a su casa y me prestó una camiseta. Nos sentamos en la escalera y seguimos hablando con la luna espiándonos y el croar de las ranas nos hacía reír. Decidimos que era tarde y debíamos ir a dormir. Cuando estábamos en la cama, con la luz apagada, hablábamos mientras nos acariciábamos, todavía olía a canela. Le gustaba ese olor, y a mí también. Por primera vez me sentía tranquila, relajada. Le sentía cómplice conmigo.

»El ambiente propiciaba que nuestras extremidades se rozaran y recorriéramos el cuerpo del otro como si el tacto fuera nuestro único sentido. La piel se erizaba y queríamos más. Poco a poco todo empezó a arder y, uno encima del otro, nos fundimos en el acto. Por primera vez, amiga, el éxtasis me atrapó y disfruté del amor y el sexo. Hoy entiendo por qué nunca me había pasado a pesar de las veces que lo hicimos. Porque yo fingí que me gustaba hacerlo en diferentes lugares, cuando siempre he sido tradicional en ese aspecto, porque le mentí al hacerle creer que me sentía cómoda con mi cuerpo desnudo frente a él, porque mi único objetivo fue satisfacerle a él para tenerlo conmigo. Aparte de todo eso, esa noche me había dado lo que buscaba: mi lugar frente a los demás, respeto, seguridad y me hizo sentir que era única.

»Esta mañana, antes de irme, le he dejado una nota donde le decía que lo había pasado muy bien y le di las gracias por esa noche.

XII

El mayor acto de amor

Unas horas más tarde, encontró una carta sin remitente en su buzón. Al abrirla cayó al suelo en el *hall* de su casa. La puerta quedó entreabierta y una vecina la vio. Cuando volvió en sí, no podía parar de llorar, el corazón palpitaba acelerado. Para no preocupar a nadie, escondió la carta y simuló estar recuperada. Una vez que todo estuvo en calma, me llamó para que fuera a su casa, y corrí.

Aquella carta la había roto por dentro y yo pude leerla: «Hoy no has dormido en casa. Eres una puta. Ya sé quién es él». Me entraron escalofríos. La miré y, desencajada, masculló con voz entrecortada:

—Hasta aquí he llegado, no puedo más. A mí lo que quiera, pero a los que me rodean no.

—¿Qué vas a hacer?

—Terminar. Con todo.

—¿Me quedo contigo? —pregunté preocupada.

—No, gracias por venir. Estoy más tranquila. Debo tomar decisiones y necesito estar sola.

—Bien. Estoy aquí.

—Lo sé.

Nos despedimos y estuve un tiempo sin verla. Algunos mensajes en los que me pedía espacio para reflexionar y en los que decía que no le apetecía hablar con nadie de lo sucedido, pero me agradecía el apoyo incondicional.

Se centraba cada vez más en su trabajo. Para ser justos, debo decir que nuestra relación cambió un poco. Seguía contándome cosas de su historia, pero cada vez menos. Yo no podía entender qué estaba pasando, pero Sofía tampoco estaba receptiva. Le estaban sucediendo tantas cosas, y algunas tan graves, que no sé cómo habría reaccionado yo. Ella, sin embargo, continuaba adelante.

He hablado con sinceridad desde el principio y juré hacer honor a la verdad, por tanto, es justo que comparta el resto de la historia. Destino o casualidad, como cantó Melendi, sería una buena manera de empezar, pero será mejor que ahora que he compartido contigo este relato, juzgues lo que queda y saques tus propias conclusiones. Yo habré cumplido mi objetivo, darle paz.

Sofía y él siguieron viéndose, y aquello no fue un camino de rosas porque así lo quiso ella. Eso lo supe al final.

Cuando se veían y estaban solos todo fluía con normalidad, pero él no cambiaba y a ella le vino bien. Se había rendido. Debía apartarlo porque ella sola no podía irse, así que se transformó su ser y se convirtió en algo que a él no le gustaría. Aunque estoy segura de que no pudo fingir todo el tiempo. Le hizo creer que era celosa, posesiva e incluso, a veces, tóxica. Su deseo se cumplió. Sus citas cada vez eran más esporádicas y los mensajes, aunque cómplices, dejaban de llegar con la misma frecuencia de antes.

Su última cita fue algo que Sofía recordará siempre. Los dos, en la noche, frente a un piano y la luz tenue de cientos de velas. Él con su camisa de lino blanco y sus pantalones de un marrón claro perfecto, con aquellas gafas que le hacían parecer aún más interesante. Se sentaron uno junto al otro y él le regaló una pulsera de color azul. Colgaban de ella una palmera, una ola y un sol. Estaba tan feliz que se convirtió en una noche mágica. La última noche, y ella lo sabía.

Al despedirse se quedó en su coche mirando esa pulsera. Esa palmera, su sombra puede cobijarte, pero es tan alta que es casi inalcanzable; las olas, que pueden reptar por el cuerpo o chocar contra ti causando dolor, y el sol, su luz ilumina, pero si te acercas demasiado quema. Era su esencia. Era él.

Hasta que llegó el día de hablar y decidir qué hacer. Pusieron fin a aquello, no sin antes escribir un «te quiero». Ni siquiera se vieron. Así sería todo más fácil.

XIII

Hilo rojo

Un día recibí un paquete con una carta adjunta. Ella se había ido por un tiempo y aunque era todo más rápido e instantáneo usando WhatsApp, le encantaba volver a usar el correo tradicional porque creía que eso la llevaba a aquellos tiempos en los que recibir una postal o una carta nos hacía sentir más emoción por el mero hecho de verla en el buzón.

Y es cierto, me alegró inmensamente ver su letra en el sobre. Al ver su manuscrito me fijé en que cada palabra estaba escrita desde la resiliencia y casi desde el perdón a sí misma. Tan solo quedaba una última puerta por cerrar y me tocaba a mí poner la llave en el cerrojo y darle la vuelta.

Miré el paquete y admito que lo agité por la curiosidad que tenía de saber qué habría dentro. Tenía un tamaño mediano y poco grosor. No se veía absolutamente nada del interior. Me resigné, no quería preguntarle a ella por el contenido. Al fin y al cabo, después de leer la carta quedaba claro a quién pertenecía.

La carta rezaba así:

Julio de un año cualquiera.

Querida Rosa:

Ha llegado el momento de contarte algo. Me gusta el lápiz y el papel, es más personal y en la letra podrás ver la danza entre las emociones y las palabras. Últimamente hemos hablado poco, las dos estamos muy ocupadas, pero eso no rompe nuestra amistad. Siempre sabemos que estamos ahí la una para la otra. Eso me reconforta.

Imagino que querrás saber qué fue realmente de mí después de aquello. Pues bien, quise tener un último detalle con él, a pesar de la distancia. Fue su cumpleaños, supe que estaba con otra chica. Se le veía feliz. Aun así, quise hacerlo. Quería que fuera algo diferente, íntimo y secreto, y pensé: «¿Qué se le regala a alguien que lo tiene todo?». Lo conseguí. Le regalé una canción que contaba nuestra historia. A pesar de que no pudo ser, es nuestra y es bonita. Cada vez que nuestros caminos se han separado, sin importar lo que haya pasado, siempre ha primado el cariño y la amistad.

¿Por qué una canción? Porque perduraría y es única. Los años pasan y si algún día pierdo la memoria y no soy capaz de recordarlo o no lo vuelvo a ver jamás, solo tendré que escucharla y en lo más profundo de mi subconsciente estoy segura de que algo se activará para reflejar el brillo en mis ojos y únicamente yo sabré por qué.

Le propuse escucharla a la vez, quedamos cada uno en su cama, con auriculares y dándole al play a la vez. Le gustó mucho, me confesó que se le habían humedecido los ojos y que la guardaría siempre. Quizá lo hizo por ser amable, pero no importa. Ya no. Me dijo que me debía un abrazo y que me lo daría en cuanto nos viéramos. Nunca llegó.

Te preguntarás si estoy arrepentida de lo que hice. La respuesta es sí, me arrepiento de no haber sido la Sofía de verdad, de no haber tenido agallas para explicarle que me alejé para protegerle a él y a mí. Quería ser su confidente, no su cómplice. Y no supe.

¿Si me duele? Sí, me duele que se haya alejado tanto que no podamos ser aquellos amigos de risas y lágrimas, de un «cómo estás» *o un «feliz año nuevo». Eso me lleva a pensar que sí me utilizó. Pero siempre respetaré sus decisiones sin juzgarlo. Lo querré de por vida, aunque sepamos que no podemos estar juntos porque siempre estaré a medio camino entre su mundo y el mío.*

Ojalá hubiera habido un lugar en el que cupiéramos los dos de la forma que fuera. Tenía tantas cosas por agradecerle y por las que pedirle perdón… Pero el tiempo se nos echó encima y no pude decírselo.

Conociéndote, sé que quieres saber qué le habría dicho, pues sería algo así como: «Gracias por darme tu tiempo, por hacer que olvidara las tormentas al reírnos, por los besos que me diste con el alma, por conseguir que me mirara al espejo sin complejos. Siento no haberte contado todo, haber perdido el tiempo intentando darte lo que yo creía que querías, no haber sido yo misma siempre y siento haberte conocido, porque sé que no podré olvidarte».

Me he alejado para buscar calma y ahora estoy mejor. A veces solo hay que poner distancia para ver la vida de otro color, y si algún día decido volver será porque estaré preparada. Te reirás, pero ayer leí en Instagram que lo más difícil es dejar ir a alguien que te importa para encontrarte a ti mismo.

Quisiera pedirte un último favor, Rosa. Tengo algo que le pertenece tanto como a mí. Si pudieras dárselo, te lo agradecería.

Siempre amigas,

Sofía

Lo hice. Lo busqué y lo encontré. Quedamos en el lugar al que Sofía solía ir a despejarse. Él también estuvo allí alguna vez viendo las puestas de sol. Lo esperé en el banco donde ella se sentaba y, al verlo, me levanté por cortesía:

—Hola —saludé.

—Hola, soy…

—No —le corté.

—¿No qué? Solo quería decirte mi nombre.

—No quiero saberlo —respondí—. Solo he venido a darte esto. —Y le entregué un sobre.

—¿Para mí? No veo remitente.

—No importa, ella me pidió que te lo diera así.

—¿Ella? —indagó, interesado.

—Sí.

—Bien, gracias. Pero tengo una última pregunta.

—Dime.

—¿Por qué no puedo decirte mi nombre?

—Porque ella me aseguró que siempre serás más que un simple nombre —contesté mientras me alejaba.

En ese momento algo inexplicable sucedió. Levantó la vista y tuve la sensación de que ya sabía de quién era. Se escuchó desde una ventana *River flows in you* de Yurima y cerró los ojos apretando el sobre. La brisa traía un olor especial y reconocible.

En ese instante gritó:

—¡Oye! —dirigiéndose a mí—. ¿Dónde está?

—Me dijo que si preguntabas eso te respondiera que siempre estuvo donde la dejaste, a medio camino.

No sé qué sucederá, pero soy afortunada de haber podido vivirlo tan de cerca. Si esto depende del destino, que doy fe de que sí, quisiera gritarle al universo que se deben un abrazo. Aunque visto lo visto, si ya sucedió antes, quién nos dice que no volverá a pasar.

Índice